DISCOURS.

DISCOURS

COMPOSÉ PAR QUELQUES AMIS

DU

COLONEL MONCEY,

ET PRONONCÉ PAR L'UN D'EUX DANS L'HOTEL DE M. LE
MARÉCHAL DUC DE CONÉGLIANO,

A L'OCCASION DU SERVICE FUNÈBRE

CÉLÉBRÉ LE 5 JANVIER 1818.

PARIS,

DE L'IMPRIMERIE DE J. SMITH, RUE MONTMORENCY.

1818.

DISCOURS.

❧

Messieurs ;

Un an ne s'est pas encore écoulé, depuis le jour où, réunis par les mêmes sentimens, les mêmes regrets, nous rendions les derniers devoirs au plus ancien de nos guerriers. Aujourd'hui c'est au plus jeune que nous offrons nos tristes hommages ! ! ! Nous suivions alors des fils à la tombe de leur père ; ici, nous mêlons nos larmes à celles d'un vieillard vénérable qui perd le soutien de son grand âge, l'unique héritier de son nom, l'hon= neur de ses cheveux blancs.

Quand la mort enlève à la patrie, à ses frères d'armes et leur compagnon et leur espérance, ah !

du moins, honorons son souvenir, proclamons son courage, et que le récit de ses belles actions soit un dernier hommage rendu à sa mémoire, comme aux vertus de son malheureux père.

Le colonel comte Moncey, fils de monsieur le maréchal duc de Conégliano, naquit le 9 novembre 1792. Il avoit à peine fini ses études et atteint sa quatorzième année, qu'il fut témoin des principales actions de la campagne d'Autriche en 1809. Il assista aux mémorables batailles d'Essling et de Wagram, qui laissèrent dans l'âme du jeune guerrier de profonds souvenirs.

A l'âge de dix-sept ans il entra sous-lieutenant au 8.e régiment de hussards; et, quoique très-jeune, il donnoit déjà les espérances qu'il a depuis si glorieusement réalisées.

Son attachement à ses devoirs, son zèle à les remplir, lui méritèrent l'estime et l'amitié de ses chefs. Le général Domon, alors colonel de ce régiment, et juste appréciateur du mérite militaire, découvrit en lui les rares qualités qui devoient un jour l'illustrer.

Le maréchal voulant que son fils réunît à l'in-
struction de la cavalerie celle de l'infanterie, le
confia au colonel Rome, dont il connoissoit le
mérite, et qui commandoit alors le 7.e régiment
d'infanterie légère. Les soins de cet officier pour
son jeune élève en firent, en peu de temps, l'un
des officiers les plus instruits et les plus distingués
de son corps. Bientôt Moncey mérita le grade
d'adjudant-major, qui lui fut conféré ; et la campagne de Russie vint ouvrir une nouvelle carrière
à son brillant courage.

Dans tous les engagemens auxquels son régiment
prit part, il se fit remarquer parmi les braves. A l'affaire
de Valentina surtout, le 7.e d'infanterie légère eut à
combattre des forces très-supérieures : un ruisseau
séparoit les deux lignes ; un feu meurtrier multiplioit
la mort dans les rangs français ; les plus braves pa-
roissoient hésiter, le jeune Moncey les encourage et
de la voix et de l'exemple ; emporté par sa vaillance,
il vole partout où sa présence peut animer l'ardeur
du soldat. Deux chevaux sont tués sous lui ; il se
dégage, s'élance sur l'ennemi, enlève la position à

la tête de ses braves fantassins et tombe enfin frappé d'un coup de feu.

Pour prix de ces belles journées, son colonel demande pour lui la croix de la Légion devant tout son régiment : « Il est bien jeune », répond le chef de l'armée ; « Sans doute, réplique le colonel, mais il est bien brave », et ses camarades applaudissent franchement à cet éloge.

Aux récompenses du mérite se joignirent alors les soins d'un illustre ami. Le maréchal duc de Trévise lui tint lieu de père ; jamais adoption ne fut mieux méritée.

Cependant la guerre se poursuit, on arrive à Moscou : c'est dans ce moment terrible où l'armée française, parvenue aux frontières de l'Asie, n'a plus à combattre que la nature, la nature qu'elle a vaincue jadis sur les glaciers des Alpes, dans les plaines du désert, sous le soleil des tropiques, mais qui cette fois triomphera de l'énergie et du courage français ! Une poignée de braves échappés seuls aux plus affreux désastres, oppose encore une résistance magnanime aux élémens et aux ennemis.

Moncey se distingue dans leurs rangs ; quoique souffrant encore de sa blessure, il ne quitte pas l'arrière‑garde de l'armée, et repousse plusieurs fois avec les débris de son régiment les escadrons russes qui ne peuvent l'entamer.

Officier d'élite, sa place était marquée dans le corps d'élite, il fut nommé capitaine des chasseurs à pied de la garde au commencement de 1813. Mais ce poste d'honneur ne suffisoit pas à son bouillant courage ; la vie aventureuse des troupes légères, ses hasards souvent répétés pouvoient seuls le satisfaire. Il demande à servir aux avant-postes ; il est nommé chef d'escadron au 6.ᵉ régiment de hussards ; il fait avec ce corps la campagne de Saxe, prend part à toutes les affaires, et à celle de Hanau surtout il fait admirer son intrépidité. Déjà l'armée ennemie avait coupé la retraite à l'armée française, lorsque Moncey, dont le régiment avoit été presque détruit, se joint avec quelques hommes au jeune Oudinot, qui commandoit un peloton de chasseurs de la garde ; ces deux jeunes officiers, dignes du nom de leurs pères, chargent la cavalerie bavaroise, reprennent une batterie dont l'ennemi s'étoit emparé, et, par cette action brillante, contribuent à assurer la retraite de l'armée française. Peu de temps après la France est envahie ; le courage doit se multiplier pour suppléer aux forces qui ne peuvent s'accroître. Les travaux deviennent plus pénibles, la gloire plus difficile, les dangers plus pressans ; Moncey n'en ressent que plus d'enthousiasme. A l'affaire de Montmirail, il charge plusieurs fois à la tête de son escadron, et reçoit une nouvelle blessure.

Il est appelé, malgré sa jeunesse, au commandement du 3.ᵉ régiment de hussards, et l'armée applaudit à ce choix, qui n'est point une faveur.

Il est transporté à Paris. L'ennemi l'y suit de près. Le maréchal son père contribuoit déjà de son zèle, de ses efforts, de son exemple surtout, à la défense de la capitale. On le rencontre partout où sa présence est nécessaire. Mais quel est bientôt son étonnement, sa joie, sa crainte, en voyant à ses côtés son fils, qui, malgré sa blessure, s'est fait placer à cheval pour le suivre aux combats !

A l'arrivée du roi, le colonel Moncey reçoit la

croix de Saint-Louis, et conserve son régiment sous le nom de dauphin-hussards.

A l'époque du mois de mars il part avec ce même régiment de Lons-le-Saulnier ; il se dirige à travers les terres sur Orléans, afin de se rallier à l'armée qui se formoit sous les ordres du maréchal Saint-Cyr. Pendant sa marche, des bruits circulent, des proclamations se répandent, des mouvemens se manifestent parmi les soldats de son régiment. Mais à la voix de leur colonel ils obéissent, et se rendent au lieu de leur destination.

Cette action n'est pas la dernière où le colonel Moncey se distingue. Partout où son pays réclame ses services, partout où il pourra verser son sang pour la patrie, on est sûr de le rencontrer. A l'âge de vingt-trois ans il comptoit déjà sept campagnes, trois blessures, et la gloire de trente actions.

Je pourrois rappeler les témoignages honorables de tous ses chefs, attester ceux même qui m'écoutent ; j'évoquerai seulement la mémoire du dernier général sous lequel il a servi. Lecourbe, qui certes se connoissoit en gens d'honneur, le serra dans ses bras au lit de mort, lui exprima, dans l'effusion de son cœur, combien il estimoit son beau caractère, et lui prédit la carrière la plus brillante.

Hélas! elle ne lui était pas réservée. Après avoir échappé à tant de dangers, donné tant de preuves de courage, mourir inutile à sa patrie !!! Un accident funeste a terminé trop tôt le cours d'une aussi belle vie. Une simple tombe dans une province éloignée couvre ses restes mortels. Mais que fait la durée de la vie, qu'importe le lieu de la mort lorsqu'on a honoré sa carrière par de nobles travaux! « *La sé-pulture des braves*, a dit l'historien des braves (1), *n'est pas où reposent leurs cendres; mais dans tous les pays où ils ont laissé des traces de leur courage, leur nom est éternellement gravé dans tous les cœurs généreux.*

Mânes de notre jeune et malheureux ami! ombre de Moncey! si, du lieu que tu habites, tu peux jeter un regard sur cette terre où tu n'as fait que passer, vois rassemblés ici pour honorer ta mémoire les

(1) Thucydide Hist., lib. 2, cap. 43.

chefs illustres que tu révérois, que tu prenois pour modèles ; vois tes compagnons qui déplorent ta perte, et puissent leurs hommages te tenir lieu des jours dont tu fus privé, de la gloire dont tu n'as pas assez joui!

Mais vous, respectable guerrier, qui perdez dans cet enfant l'appui de votre grand âge, l'orgueil de votre nom, qui ne sentirez pas sa main chérie presser la vôtre à vos derniers momens, quel adoucissement peut-on offrir à vos justes regrets? est-il une consolation qui puisse vous aider à supporter le poids de votre douleur? Oui, il en est une, digne de votre courage, de votre vertu, de vos nobles sentimens : c'est celle qui vous est présentée aujourd'hui par les compagnons de votre gloire, par cette réunion de guerriers, d'amis et de citoyens de tous les rangs, de tous les âges, qui viennent ranimer la solitude de votre maison : la famille des braves remplace aujourd'hui votre famille, elle vous entourera de même jusqu'à vos derniers jours, elle vous retracera sans cesse les belles actions de votre fils pour diminuer le sentiment de sa perte; et alors, semblable au père, au guide des guerriers dont vous rappeliez déjà les vertus, et dont vous venez de partager le malheur, vous vous écrierez avec lui : « Heureux, mon fils, » heureux tous ceux qui ont vécu comme lui trop » peu pour la joie de leurs pères, mais assez pour » leur gloire et pour celle de leur pays (1). »

(1) Xénophon , ep. ad. Sot. Ed. Par. 1665, p. 1002.

F I N.